Kryptowährungen am Beispiel von Bitcoin. Einflussfaktoren auf die Wertentwicklung

Celine Nadolny

Bibliografische Information der Deutschen Nationalbibliothek:

Die Deutsche Nationalbibliothek verzeichnet diese Publikation in der Deutschen Nationalbibliografie; detaillierte bibliografische Daten sind im Internet über http://dnb.d-nb.de abrufbar.

ISBN: 9783346269003
Dieses Buch ist auch als E-Book erhältlich.

Druck und Bindung: Books on Demand GmbH, Norderstedt Germany
Gedruckt auf säurefreiem Papier aus verantwortungsvollen Quellen

Das vorliegende Werk wurde sorgfältig erarbeitet. Dennoch übernehmen Autoren und Verlag für die Richtigkeit von Angaben, Hinweisen, Links und Ratschlägen sowie eventuelle Druckfehler keine Haftung.

Das Buch bei GRIN: https://www.grin.com/document/939090

FOM Hochschule für Oekonomie & Management

Hochschulzentrum Bochum

Hausarbeit

im Modul Wissenschaftliche Methoden – quantitative Datenanalyse

im berufsbegleitenden Studiengang zum

Bachelor of Arts (B.A.) – Business Administration

4. Semester

über das Thema

Einflussfaktoren auf die Wertentwicklung von Kryptowährungen am Beispiel von Bitcoin

von

Celine Nadolny

INHALTSVERZEICHNIS

ABBILDUNGSVERZEICHNIS

TABELLENVERZEICHNIS

FORMELVERZEICHNIS

ABKÜRZUNGSVERZEICHNIS

BLUE	Best-Linear-Unbiased-Estimator (dt. bester linearer unvoreingenommener Schätzer)
Dist.	Distributing (dt. ausschüttend)
DW	Durbin-Watson
ETF	Exchange-Traded-Fund
EUR	Euro
FTSE	Financial-Times-Stock-Exchange
H_0	Nullhypothese
H_1	Alternativhypothese
LLC	Limited-Liability-Company (dt. Unternehmen mit beschränkter Haftung)
UCITS	Undertaking for Collective Investments in Transferable Securities (dt. Organismen für gemeinsame Anlagen in Wertpapieren)
US	United States
USD	United States Dollar
RESET	Regression-Specification-Error-Test (dt. Regressionsspezifikationsfehlertest)
R^2	Bestimmtheitsmaß

1. Einleitung

1.1 Problemstellung

Die Wertentwicklung von Kryptowährungen wie *Bitcoin* und *Ethereum* hat in den vergangenen Jahren nicht nur Blockchain-Interessierte auf diese neue Assetklasse aufmerksam gemacht.[1] Technikinteressierte Anhänger gehörten bereits zu den ersten Investoren in diese digitalen Zahlungsmittel.[2] Mittlerweile gibt es weltweit mehr als 6500 solcher Kryptowährungen mit einer Marktkapitalisierung von 364,14 Milliarden US-Dollar.[3]

Ihnen wird aufgrund ihrer Dezentralität, die aus dem Prinzip der Kryptografie resultiert, ein hohes Maß an Sicherheit als Zahlungsmittel zugesprochen. Ihre Datenverteilung erfolgt auf eine Vielzahl verschiedener Server und erschwert Manipulationen.[4] Dennoch gab es in der Vergangenheit bereits etliche Male größere Diebstähle.[5] Neben dem Transfer werden Kryptowährungen allerdings von vielen auch zur Wertaufbewahrung, Kursspekulation und Diversifikation ihrer Portfolios genutzt.[6] Bitcoin ist dabei mit einem Marktanteil von 59,2 Prozent die mit Abstand größte und bekannteste Kryptowährung.[7]

In Zeiten historisch niedriger Zinsen und mit der Furcht vor Inflation und einer langanhaltenden Rezession sind viele Investoren auf der Suche nach alternativen Investmentmöglichkeiten.[8] Jedoch sind Kryptowährungen nicht nur eine Wette auf die Zukunft, sondern auch hoch volatil.[9] Die Menge der erzeugbaren Bitcoins ist darüber hinaus auf 21 Millionen Stück begrenzt. Dadurch entsteht eine künstliche Knappheit und der Preis soll gestützt werden.[10]

In der vorliegenden Hausarbeit wird die Fragestellung untersucht, welche Determinanten einen signifikanten Einfluss auf die Kursentwicklung der Kryptowährung

---

[1] Vgl. *Küfner, R. A.*, Kryptowährungen, 2019, S. 117,131.

[2] Vgl. *Koenig, A.*, Bitcoin, 2018, S. 90; *Küfner, R. A.*, Kryptowährungen, 2019, S. 38,47; *Specht, P.*, Blockchain, 2019, S. 212.

[3] Vgl. *CoinMarketCap*, Cryptocurrencies, 2020, o. S.

[4] Vgl. *Küfner, R. A.*, Kryptowährungen, 2019, S. 38; *Specht, P.*, Blockchain, 2019, S. 212–214.

[5] Vgl. *Koenig, A.*, Bitcoin, 2018, S. 11; *Specht, P.*, Blockchain, 2019, S. 218.

[6] Vgl. *Küfner, R. A.*, Kryptowährungen, 2019, S. 72; *Specht, P.*, Blockchain, 2019, S. 218.

[7] Vgl. *CoinMarketCap*, Cryptocurrencies, 2020, o. S.; *Koenig, A.*, Bitcoin, 2018, S. 16.

[8] Vgl. *Koenig, A.*, Bitcoin, 2018, S. 12; *Küfner, R. A.*, Kryptowährungen, 2019, S. 47.

[9] Vgl. *Koenig, A.*, Bitcoin, 2018, S. 100; *Küfner, R. A.*, Kryptowährungen, 2019, S. 72,153.

[10] Vgl. *Koenig, A.*, Bitcoin, 2018, S. 10,94; *Specht, P.*, Blockchain, 2019, S. 218.

Bitcoin haben und welche nicht. Indirekt wird bei der Auswahl der Variablen damit auch untersucht, inwieweit diese neue Assetklasse als Diversifikationsinstrument genutzt werden kann. Dazu wird ein lineares Regressionsmodell verwendet.

1.2 Vorgehensweise

Im ersten Teil der Hausarbeit wird zunächst der Forschungsansatz erläutert. Kern ist dabei ein Verständnis für die abhängigen und unabhängigen Variablen.

Im Anschluss erfolgt die empirische Untersuchung. Auf ein erläuterndes Theoriekapitel hinsichtlich Bitcoin und Kryptowährungen wurde aufgrund des begrenzten Umfangs dieser Hausarbeit und der medialen Berichterstattung verzichtet. Eine Detailbetrachtung der Konstruktion und Funktionsweise dieser Assetklasse ist für diese Ausarbeitung nicht relevant.

Im dritten Kapitel wird zunächst die Datenerhebung und -aufbereitung thematisiert. Danach werden erste Zeitreihen des Datensatzes analysiert und das Regressionsmodell aufgestellt mit Bitcoin als Regressand und abhängiger Variable sowie mehreren unabhängigen Variablen als Regressoren. Die Nullhypothese (H_0) beschreibt, dass die Regressoren keinen signifikanten Einfluss auf die Veränderung des Bitcoin-Kurses haben. Die Alternativhypothese (H_1) lautet dementsprechend, dass die Regressoren einen signifikanten Einfluss auf die Veränderung des Kurses haben. Das Signifikanzniveau Alpha wird auf 5 Prozent festgelegt.

Im nächsten Abschnitt schließt die Regressionsdiagnostik an. Ziel bei der Diagnostik ist die Überprüfung der Güte des Modells anhand von diversen Testverfahren zur Feststellung der BLUE-Kriterien.[11]

Beendet wird diese Ausarbeitung mit einer Präsentation der Ergebnisse der Studie sowie einer kritischen Würdigung der Inhalte. Ein Ausblick über mögliche weitere Forschungsfragen und erweiternde Ansätze schließt diese Arbeit ab.

---

[11] Best-Linear-Unbiased-Estimator (dt. bester linearer unvoreingenommener Schätzer) Vgl. *Urban, D., Mayerl, J.*, Regression, 2018, S. 379.

2

2.1 Abhängige Variable

Die Entwicklung des Kurses der Kryptowährung Bitcoin ist die abhängige Variable dieser Untersuchung.

Abbildung 1: Kursverlauf Bitcoin in USD

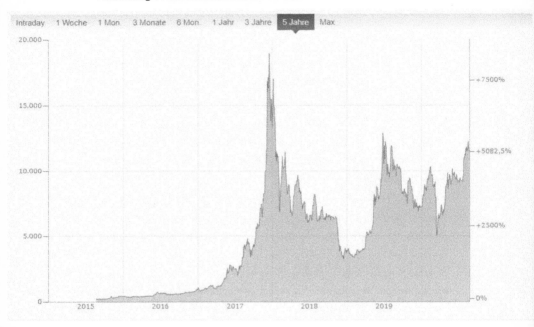

Quelle: *finanzen.net*, Bitcoin Kursverlauf, 2020, o. S.

2.2 Unabhängige Variable

Die unabhängigen Variablen sind vier unterschiedliche Assetklassen sowie die Google-Trends-Analyse zum Suchbegriff *Bitcoin*.

Abbildung 2: Übersicht über die Variablen

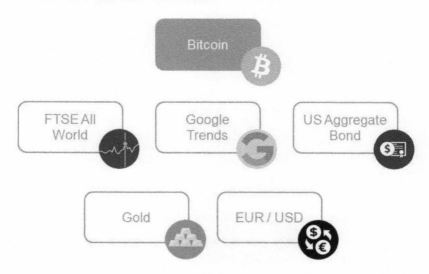

Quelle: Eigene Darstellung (ICONs wurden selbst erstellt – Originalquellen im Literaturverzeichnis)

Als Repräsentant eines weltweiten Aktienindexes wurde der Financial Times Stock Exchange (FTSE) All World Index ausgewählt. Er enthält Aktien von ungefähr 4000 Unternehmen aus Industrie- und Schwellenländern.[12]

Die Google-Trends-Analyse zeigt die prozentuale Häufigkeitsverteilung von Suchanfragen zu einem bestimmten Suchbegriff. Die Werte reichen von 0 bis 100, wobei der letzte Wert den Punkt der maximalen Anzahl von Suchanfragen des Begriffs im Zeitverlauf angibt.[13] In dieser Untersuchung wurde der Begriff *Bitcoin* betrachtet.

---

[12] Vgl. *The Vanguard Group*, FTSE All-World ETF, 2020, S. 3.
[13] Vgl. *Google LLC,* Google-Trends-Analyse ‚Bitcoin', 2020, o. S.

Abbildung 3: Verteilung der Suchanfragen zum Begriff *Bitcoin*

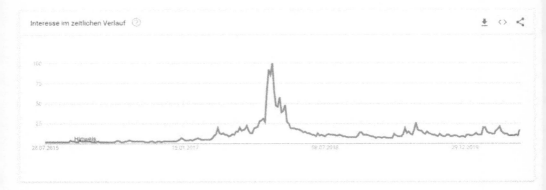

Quelle: *Google LLC,* Google-Trends-Analyse *Bitcoin*, 2020, o. S.

Jeder Datenpunkt stellt die kumulierten Suchanfragen der zurückliegenden Woche zu einem Sonntagsstichtag dar.[14]

Der iShares US Aggregate Bond UCITS ETF USD (Dist.) repräsentiert in dieser Untersuchung den US-amerikanischen Anleihenmarkt. Er stellt eine Nachbildung des gleichnamigen Indexes dar, „der aus auf US-Dollar lautenden Staatsanleihen, regierungsnahen Anleihen, Unternehmensanleihen und verbrieften Anleihen mit Investment-Grade-Rating besteht."[15]

Der Wechselkurs EUR/USD wurde als Währungskomponente hinzugefügt.

Da der Assetklasse Gold wie auch Bitcoin der Status einer Krisenwährung zugesprochen wird, wurde der Goldpreis je Feinunze in USD als unabhängige Variable untersucht.[16]

---

[14] Vgl. *Google LLC,* Google Trends Analyse ,Bitcoin', 2020, o. S.
[15] *BlackRock Inc.*, iShares US Aggregate Bond ETF, 2020, S. 1.
[16] Vgl. *Koenig, A.*, Bitcoin, 2018, S. 96.

3. Empirische Untersuchung

3.1 Datenerhebung und Datenaufbereitung

Der Zeitraum dieser Untersuchung reicht vom 31.07.2015 bis zum 31.07.2020 und beträgt damit knapp fünf Jahre. Die Informationen zu Tagen und Schlusskursen für die abhängige Variable Bitcoin und die unabhängige Variable US-Aggregate-Bond wurden dem Finanzportal finanzen.net entnommen. Die Daten zu Suchanfragen des Begriffs *Bitcoin* stammen aus dem Onlinedienst *Google-Trends-Analyse*. Für alle übrigen Daten wurde das Finanzportal onvista.de genutzt.

Da die Daten der Suchanfragen aus der Google-Trends-Analyse stets kumulierte Sonntagswerte darstellen, wurden für die übrigen Variablen ebenfalls kumulierte Wochenrenditen berechnet. Insgesamt ergeben sich aus dieser Datenaufbereitung 261 Wochenschlusskurse und -renditen, die weitergehend untersucht wurden.

Aufgrund der vorteilhaften Zeitadditivität sowie der Tatsache, dass die gleichen absoluten Abweichungen bei diskreten Renditen nicht zu den gleichen prozentualen Abweichungen führen, wurden alle Renditen mit dem natürlichen Logarithmus (ln) als stetige Renditen ermittelt.[17]

Formel 1: Formeln für diskrete und stetige Renditen

$$r_{diskret} = \frac{P_1 - P_0}{P_0}$$

$$r_{stetig} = \ln\left(\frac{P_1}{P_0}\right)$$

Quelle: In Anlehnung an *Hölscher, R., Kalhöfer, C.,* Finanzmathematik, 2015, S. 4–10

3.2 Datenauswertung

Die erste Datenauswertung zeigt, dass die maximale negative Entwicklung der abhängigen Variable Bitcoin in einer Woche mit minus 40,40 Prozent stärker ausfiel als die maximale positive von plus 35,89 Prozent. Im Mittel stieg der Bitcoin im

---

[17] Vgl. *Ernst, D., Schurer, M.,* Portfoliomanagement, 2014, S. 68,72–73; *Hölscher, R., Kalhöfer, C.,* Finanzmathematik, 2015, S. 4–10; *Schwenkert, R., Stry, Y.,* Finanzmathematik, 2016, S.°17–19.

Betrachtungszeitraum um durchschnittlich 1,67 Prozent pro Woche und somit stärker als die übrigen Variablen (s. Tab. 2).

Tabelle 1: Entwicklung der abhängigen Variable auf Wochenbasis

Min.	- 40,40 %	Max.	+ 35,89 %
1st Quartil	- 2,40 %	3rd Quartil	+ 6,85 %
Median	+ 1,67 %	Mean	+ 1,41 %

Quelle: Eigene Darstellung in Anlehnung an R-Studio

Zudem lässt sich eine hohe Volatilität der abhängigen Variable erkennen (s. Abb. 4).

Abbildung 4: Stetige Wochenrenditen von Bitcoin in USD

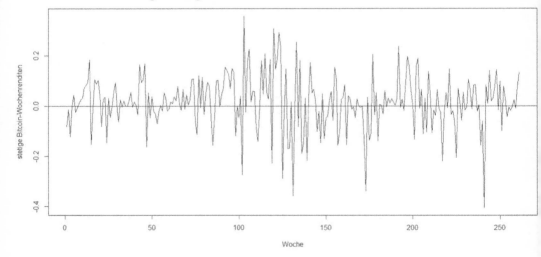

Quelle: Eigene Darstellung aus R-Studio

Die unabhängigen Variablen entwickelten sich im gleichen Betrachtungszeitraum unterschiedlich, was eine geringe Korrelation untereinander vermuten lässt (s. Tab. 2).

Tabelle 2: Entwicklung der unabhängigen Variablen auf Wochenbasis

	FTSE All World	Google Trends	US Bonds	Gold	EUR/USD
Min.	- 13,30 %	- 57,54 %	- 0,04 %	- 8,97 %	- 4,61 %
Max.	+ 9,88 %	+ 85,75 %	+ 0,04 %	+ 8,25 %	+ 4,61 %
Median	+ 0,25 %	+ 0,00 %	- 0,00 %	+ 0,15 %	+ 0,00 %
Mean	+ 0,10 %	+ 0,77 %	+ 0,00 %	+ 0,23 %	+ 0,27 %
1st Quartil	- 0,60 %	- 9,53 %	- 0,01 %	- 0,89 %	- 0,89 %
3rd Quartil	+ 1,25 %	+ 8,00 %	+ 0,01 %	+ 1,28 %	+ 0,89 %

Quelle: Eigene Darstellung in Anlehnung an R-Studio

3.3 Regressionsmodell

Kern dieser Untersuchung ist ein multiples lineares Regressionsmodell. Mit diesem wird nach der Methode der kleinsten Quadrate untersucht, ob ein linearer Zusammenhang zwischen der abhängigen und einer oder mehreren unabhängigen Variablen vorliegt.[18] Im Allgemeinen wird die Gleichung einer multiplen linearen Regression wie folgt dargestellt:

Formel 2: Gleichung eines multiplen linearen Regressionsmodells

$$y_i = \text{ß}_0 + \text{ß}_1 x_{i1} + \text{ß}_2 x_{i2} + \dots + \text{ß}_k x_{ik} + \mathcal{E}_i \quad i = 1, \dots, n$$

mit: y_i = Messwert für die abhängige Variable Y

ß_0 = Schnittpunkt mit der Y-Achse, Konstante

I = Index der Beobachtungen (i = 1 , … , n)

k = Index der unabhängigen Variablen X_k (k = 1 , … , K)

x_{ik} = Messwert für die unabhängigen Variablen X_k

ß_k = Regressionskoeffizient

n = Stichprobenumfang

$\mathcal{E}_i$ = Fehlervariablen

Quelle: In Anlehnung an *Fahrmeir, L. et al.,* Regressionsmodelle, 2009, S. 41; *Kaul, T.,* Multiple lineare Regression, 2015, S. 58

---

[18] Vgl. *Fahrmeir, L. et al.,* Regressionsmodelle, 2009, S. 40–42; *Kaul, T.,* Multiple lineare Regression, 2015, S. 58–59.

Zur weiteren Untersuchung wurde diese Gleichung mit den gewählten Variablen modifiziert.

Formel 3: Gleichung des Regressionsmodells der Untersuchung

$$\text{Bitcoin Kurs} = \text{ß}_0 + \text{ß}_1 \text{FTSE All World} + \text{ß}_2 \text{Google Trends} + \text{ß}_3 \text{US Bonds}$$
$$+ \text{ß}_4 \text{Gold} + \text{ß}_5 \text{EUR/USD}$$

Quelle: Eigene Darstellung in Anlehnung an *Fahrmeir, L. et al.,* Regressionsmodelle, 2009, S. 41; *Kaul, T.,* Multiple lineare Regression, 2015, S. 58

4 Regressionsdiagnostik

4.1 Variablenauswahl

In einem multiplen linearen Regressionsmodell dürfen keine relevanten erklärenden Variablen fehlen und die gewählten dürfen nicht irrelevant sein.[19] Die Modellgüte wird mithilfe des Bestimmtheitsmaßes R^2 (R-squared) und dem korrigierten R^2 (adjusted R-squared) bestimmt. Diese Kennzahl kann nur Werte zwischen 0 und 1 annehmen, wobei bei einem R^2 von 1 eine exakt lineare Anpassung vorliegt.[20]

Abbildung 5: Modellgüte der multiplen linearen Regression

```
Multiple R-squared:  0.05078,   Adjusted R-squared:  0.03216
F-statistic: 2.728 on 5 and 255 DF,  p-value: 0.02018
```

Quelle: Eigene Darstellung in Anlehnung an R-Studio

Der R^2 in Höhe von 0,05078 und der korrigierte R^2 in Höhe von 0,03216 weisen darauf hin, dass nicht alle relevanten (erklärenden) Variablen in diesem Modell berücksichtigt werden.[21]

4.2 Linearität in den Parametern

Der lineare Wirkungszusammenhang zwischen den unabhängigen Variablen und der abhängigen Variable wird mithilfe des ‚Regression-Specification-Error-Tests' (RESET) nach James B. Ramsey durchgeführt.[22]

Abbildung 6: RESET-Test

```
data: regalles
RESET = 1.8992, df1 = 2, df2 = 253, p-value = 0.1518
```

Quelle: Eigene Darstellung in Anlehnung an R-Studio

Bei dem p-Value von 0,1518 kann bei dem gegebenen Signifikanzniveau von 5 Prozent die Nullhypothese H_0, wonach eine Linearität der Parameter vorliegt, nicht

---

[19] Vgl. *von Auer, L.*, Ökonometrie, 2016, S. 299; *Kaul, T.*, Multiple lineare Regression, 2015, S. 58–59.

[20] Vgl. *Pollock, P. H.*, Statistical Analysis, 2003, S. 133–135; *Sibbertsen, P., Lehne, H.*, Statistik, 2012, S. 145.

[21] Vgl. *Sibbertsen, P., Lehne, H.*, Statistik, 2012, S. 145.

[22] Vgl. *von Auer, L.*, Ökonometrie, 2016, S. 344; *Brooks, C.*, Econometrics, 2003, S. 196.

abgelehnt werden. Das Regressionsmodell weist somit einen linearen Wirkungszusammenhang der Parameter auf.[23]

4.3 Unabhängigkeit der Störgrößen

Mit dem Durbin-Watson-Test wird die dritte Modellannahme der Unabhängigkeit der Störgrößen untersucht. Dabei ist zu beachten, dass beim Durbin-Watson-Test nur die Autokorrelation erster Ordnung untersucht wird. In der Praxis kommt eine signifikante Autorkorrelation höherer Ordnung aber nur selten vor, wenn nicht bereits eine signifikante Autokorrelation erster Ordnung besteht. Ein DW-Wert gleich oder nahe 2 bestätigt keine Autokorrelation.[24]

Abbildung 7: Durbin-Watson-Test

```
data: regalles
DW = 2.1285, p-value = 0.8581
alternative hypothesis: true autocorrelation is greater than 0
```

Quelle: Eigene Darstellung in Anlehnung an R-Studio

Der DW-Wert liegt bei 2,1285. Die Nullhypothese H_0, wonach keine Autokorrelation erster Ordnung vorliegt, wird somit nicht abgelehnt. Es liegt eine Unabhängigkeit der Störgrößen vor.[25]

4.4 Homoskedastizität der Störgrößen

Mithilfe des Goldfeld-Quandt-Tests wird die Modellprämisse der Homoskedastizität der Störgrößen geprüft.[26]

Abbildung 8: Goldfeld-Quandt-Test

```
data: regalles
GQ = 1.054, df1 = 125, df2 = 124, p-value = 0.385
alternative hypothesis: variance increases from segment 1 to 2
```

Quelle: Eigene Darstellung in Anlehnung an R-Studio

---

[23] Vgl. *von Auer, L.*, Ökonometrie, 2016, S. 344; *Brooks, C.*, Econometrics, 2003, S. 196.
[24] Vgl. *CFA Institute*, Quantitative Investment Analysis, 2020, S. 396; *Schröder, M.*, Ökonometrie, 2012, S. 76–77.
[25] Vgl. *ebd*
[26] Vgl. *Dreger, C. et al.*, Ökonometrie, 2014, S. 85–86; *Gehrke, M.*, Empirische Untersuchungen mit R, 2019, S. 64.

Die formulierte Nullhypothese H_0, wonach keine Homoskedastizität vorliegt, kann aufgrund des p-values in Höhe von 0,385 nicht abgelehnt werden.[27]

4.5 Keine Multikollinearität der Störgrößen

Eine Korrelationsmatrix wurde erstellt, um eine eventuell vorhandene Multikollinerität zu prüfen. Da die Werte zwischen minus 0,54225188 und plus 0,47128951 liegen, besteht keine hohe positive oder negative Korrelation zwischen den untersuchten Variablen. Dadurch wird sichergestellt, dass die Schätzergenauigkeit nicht beeinträchtigt wird.[28]

Abbildung 9: Korrelationsmatrix der Variablen

	BTC.Kurs.in.USD	EUR.USD	FTSE.All.world	Goldpreis.in.USD..Unze.	US.Aggregate.Bond	Google.Trends
BTC.Kurs.in.USD	1.00000000	0.05226779	0.14165817	0.08991944	0.01807315	0.16564263
EUR.USD	0.05226779	1.00000000	0.24565857	0.47128951	-0.54225188	0.19671521
FTSE.All.world	0.14165817	0.24565857	1.00000000	0.16806398	0.08711575	0.02215406
Goldpreis.in.USD..Unze.	0.08991944	0.47128951	0.16806398	1.00000000	-0.03721032	0.10533516
US.Aggregate.Bond	0.01807315	-0.54225188	0.08711575	-0.03721032	1.00000000	-0.14278628
Google.Trends	0.16564263	0.19671521	0.02215406	0.10533516	-0.14278628	1.00000000

Quelle: Eigene Darstellung in Anlehnung an R-Studio

4.6 Normalverteilung der Störgrößen

Die letzte Modellprämisse fordert eine Normalverteilung der Störgrößen. Diese wurde zunächst anhand des Shapiro-Wilk-Tests überprüft.[29]

Abbildung 10: Shapiro-Wilk-Test

```
data:   residuals(regalles)
W = 0.97325, p-value = 8.14e-05
```

Quelle: Eigene Darstellung in Anlehnung an R-Studio

Die formulierte Nullhypothese H_0, wonach die Störgrößen normalverteilt sind, muss aufgrund des p-value in Höhe von $8{,}14e^{-5}$ abgelehnt werden.[30]

Aus diesem Grund wurde mit dem Jarque-Bera-Test die Normalverteilung der Störgrößen noch ein weiteres Mal überprüft.[31]

---

[27] Vgl. *Dreger, C. et al.*, Ökonometrie, 2014, S. 85–86; *Gehrke, M.*, Empirische Untersuchungen mit R, 2019, S. 64.
[28] Vgl. *von Auer, L.*, Ökonometrie, 2016, S. 567,579; *Schröder, M.*, Ökonometrie, 2012, S. 91.
[29] Vgl. *Duller, C.*, Statistik, 2018, S. 65–66; *Holling, H., Gediga, G.*, Statistik, 2016, S. 105.
[30] Vgl. *ebd*
[31] Vgl. *Mondello, E.*, Statistik, 2018, S. 64.

Abbildung 11: Jarque-Bera-Test

```
data:  residuals(regalles)
X-squared = 24.233, df = 2, p-value = 5.468e-06
```

Quelle: Eigene Darstellung in Anlehnung an R-Studio

Hier muss die Nullhypothese H_0, wonach die Störgrößen normalverteilt sind, aufgrund des p-value in Höhe von $5,468e^{-6}$ ebenfalls abgelehnt werden.[32]

Abschließend wurde die Verteilung der Residuen zusammen mit einer Kurve der Normalverteilung grafisch aufbereitet (s. Abb. 12). Abbildung 12 bestätigt die beiden vorherigen Testergebnisse. Das führt aber nicht zwangsläufig dazu, dass die Normalverteilungsannahme nicht erfüllt wird. Der zentrale Grenzwertsatz stellt sicher, dass bei einem ausreichend großen Stichprobenumfang – in diesem Fall 261 Werte – die Wahrscheinlichkeitsverteilung der Schätzer gegen eine Normalverteilung konvergiert,[33] unabhängig davon, ob die Residuen normalverteilt sind. Darüber hinaus ist hinzuzufügen, dass es sich bei den erhobenen Daten – mit Ausnahme der Angaben zu Suchergebnissen der Google-Trends-Analyse – um Finanzmarktdaten handelt.[34]

Abbildung 12: Verteilung der Residuen

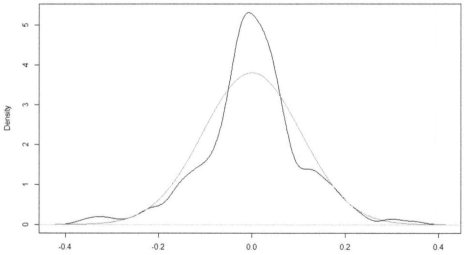

Quelle: Eigene Darstellung in Anlehnung an R-Studio

---

[32] Vgl. *Mondello, E.*, Statistik, 2018, S. 64.
[33] Vgl. *Henze, N.*, Stochastik, 2019, S. 221–222; *Messer, M., Schneider, G.*, Statistik, 2019, S. 17–19.
[34] Vgl. *Specht, K.*, Finanzmarktdaten, 2000, S. 89–90.

13

5. Fazit

5.1 Ergebnis der Studie

Aufgrund des p-value 0,02018 kann die Nullhypothese H_0, wonach die unabhängigen die abhängige Variable erklären, nicht abgelehnt werden. Die unabhängigen Variablen im Modell erklären somit – wenn auch nicht vollständig – die abhängige Variable.

Das Regressionsergebnis (Abb. 13) belegt, dass die Determinanten des Google-Suchbegriffes *Bitcoin* und der globale Aktienindex FTSE All World einen signifikant positiven Einfluss auf die Entwicklung der abhängigen Variable haben. Die übrigen Variablen haben demnach keinen signifikanten Einfluss. Keine der untersuchten unabhängigen Variablen weist jedoch einen höchst signifikanten Einfluss auf, der in R-Studio mit drei Sternchen gekennzeichnet ist.

Abbildung 13: Multiples lineares Regressionsergebnis

```
Coefficients:
              Estimate Std. Error t value Pr(>|t|)
(Intercept)   0.012030   0.006607   1.821   0.0698 .
ftse          0.615802   0.297524   2.070   0.0395 *
googletrends  0.084138   0.031821   2.644   0.0087 **
usbond        0.100898   0.755733   0.134   0.8939
gold          0.391980   0.410307   0.955   0.3403
eurusd       -0.376217   0.850073  -0.443   0.6585
---
Signif. codes:  0 '***' 0.001 '**' 0.01 '*' 0.05 '.' 0.1 ' ' 1

Residual standard error: 0.1058 on 255 degrees of freedom
Multiple R-squared:  0.05078,   Adjusted R-squared:  0.03216
F-statistic: 2.728 on 5 and 255 DF,  p-value: 0.02018
```

Quelle: Eigene Darstellung in Anlehnung an R-Studio

5.2 Kritische Würdigung und Ausblick

Entlang der zentralen Forschungsfrage dieser Hausarbeit, was die Determinanten des Bitcoin-Kurses sind, wurden fünf unabhängige Variablen in einem multiplen linearen Regressionsmodell betrachtet.

Zunächst wurde der Forschungsansatz dargelegt und die Auswahl der unterschied-lichen Variablen begründet und diese erläutert. Hieraus resultierte eine angepasste Gleichung für die multiple lineare Regression. Das Regressionsmodell wurde in der Folge auf seine Güte und Verwendbarkeit unterschiedlichen Testverfahren unterzogen, wodurch es die BLUE-Kriterien erfüllt.

Das Regressionsergebnis zeigte, dass sowohl die Google-Suchanfragen nach dem Begriff *Bitcoin* wie auch der weltweite Aktienindex FTSE All World einen signifikant positiven Einfluss auf die Entwicklung des Bitcoin-Kurses haben. Alle weiteren Variablen hatten demnach keinen signifikanten Einfluss. Keine Variable erhielt dabei das Merkmal ‚höchst signifikant' und der korrigierte R^2 in Höhe von 0,03216 zeigt, dass das untersuchte Modell nicht alle relevanten bzw. erklärenden Variablen umfasst.

Dahingehend ist selbstkritisch und mit Blick auf weitere Forschungsfragen anzumerken, dass das Modell um weitere Variablen erweitert werden könnte oder bestehende ersetzt werden könnten. Auch eine tiefergehende Analyse basierend auf Tageskursen anstelle der hier zugrundeliegenden Wochenkurse ist denkbar. In der aktuellen Beschaffenheit kann sie die erklärenden Variablen des Bitcoin-Kurses nicht darlegen.

Unter Umständen sollten mit weiteren Variablen die Besonderheiten der Kryptowährungen tiefergehend übersucht werden und somit der Erkenntnis gefolgt werden, dass diese eine eigene Assetklasse darstellen. Demnach kann dem Regressionsmodell ebenfalls entnommen werden, dass sich Kryptowährungen aufgrund geringer Korrelation zu Aktien, Anleihen und Gold als Diversifikationsinstrument nutzen lassen.

LITERATURVERZEICHNIS

von Auer, Ludwig (Ökonometrie, 2016): Ökonometrie: Eine Einführung, 7. Aufl., Berlin: Springer Verlag, 2016

BlackRock Inc. (iShares US Aggregate Bond ETF, 2020): Juli Factsheet: iShares US Aggregate Bond UCITS ETF USD (Dist): Wertentwicklung, Portfolio Positionen und Nettofondsvermögen per 31.Jul. 2020, New York: BlackRock Inc., 2020

Brooks, Chris (Econometrics, 2003): Introductory Econometrics for Finance, 2. Aufl., Cambridge: Cambridge University Press, 2003

CFA Institute (Quantitative Investment Analysis, 2020): Quantitative Investment Analysis, 3. Aufl., Hoboken: John Wiley & Sons, 2020

Dreger, Christian, Kosfeld, Reinhold, Eckey, Hans-Friedrich (Ökonometrie, 2014): Ökonometrie: Grundlagen - Methoden - Beispiele, 5. Aufl., Wiesbaden: Springer Fachmedien, 2014

Duller, Christine (Statistik, 2018): Einführung in die nichtparametrische Statistik mit SAS, R und SPSS: Ein anwendungsorientiertes Lehr- und Arbeitsbuch, 2. Aufl., Berlin: Springer Verlag, 2018

Ernst, Dietmar, Schurer, Marc (Portfoliomanagement, 2014): Portfolio Management: Theorie und Praxis mit Excel und Matlab, Konstanz: UVK Verlagsgesellschaft, 2014

Fahrmeir, Ludwig, Kneib, Thomas, Lang, Stefan (Regressionsmodelle, 2009): Regression: Modelle, Methoden und Anwendungen, 2. Aufl., Berlin: Springer Verlag, 2009

Gehrke, Matthias (Empirische Untersuchungen mit R): Angewandte empirische Methoden in Finance & Accounting: Umsetzung mit R, Berlin: Walter de Gruyter, 2019

Henze, Norbert (Stochastik, 2019): Stochastik: Eine Einführung mit Grundzügen der Maßtheorie: inkl. zahlreicher Erklärvideos, Berlin: Springer Verlag, 2019

Hölscher, Reinhold, Kalhöfer, Christian (Finanzmathematik, 2015): Mathematik und Statistik in der Finanzwirtschaft: Grundlagen - Anwendungen - Fallstudien, Berlin: Walter de Gruyter, 2015

Holling, Heinz, Gediga, Günther (Statistik, 2016): Statistik - Testverfahren, Göttingen: Hogrefe Verlag, 2016

Kaul, Thomas (Multiple lineare Regression, 2015): Multiple lineare Regression & High Performance Computing: Methodik und Software-Implementation komplexer Analysemodelle, 5. Aufl., Norderstedt: Books on Demand, 2015

Koenig, Aaron (Bitcoin, 2018): Bitcoin: Geld ohne Staat: Die digitale Währung aus Sicht der Wiener Schule der Volkswirtschaft, 3. Aufl., München: FinanzBuch Verlag, 2018

Küfner, Robert A. (Kryptowährungen, 2019): Das Krypto-Jahrzehnt. Was seit dem ersten Bitcoin alles geschehen ist – und wie digitales Geld die Welt verändern wird, 2. Aufl., Kulmbach: Börsenmedien AG, 2019

Messer, Michael, Schneider, Gaby (Statistik, 2019): Statistik: Theorie und Praxis im Dialog, 2019, Berlin: Springer Verlag, 2019

Mondello, Enzo (Statistik, 2018): Finance: Angewandte Grundlagen, Wiesbaden: Springer Fachmedien, 2018

Pollock, Philip H. (Statistical Analysis, 2003): A Stata Companion to Political Analysis, 3. Aufl., Thousand Oaks: CQ Press, 2003

Schröder, Michael (Ökonometrie, 2012): Finanzmarkt-Ökonometrie: Basistechniken, Fortgeschrittene Verfahren, Prognosemodelle, 2. Aufl., Berlin: Springer Verlag, 2012

Schwenkert, Rainer, Stry, Yvonne (Finanzmathematik, 2016): Finanzmathematik kompakt: Für Studierende und Praktiker, 2.Aufl., Wiesbaden: Springer Verlag, 2016

Sibbertsen, Philipp, Lehne, Hartmut (Statistik, 2012): Statistik: Einführung für Wirtschafts- und Sozialwissenschaftler, Berlin: Springer-Verlag, 2012

Specht, Katja (Finanzmarktdaten, 2000): Modelle zur Schätzung der Volatilität: Eine theoretische und empirische Analyse am Beispiel von Finanzmarktdaten, Wiesbaden: Gabler, 2000 (Diss. Universität Gießen, 1999)

Specht, Philip (Blockchain, 2019): Die 50 wichtigsten Themen der Digitalisierung. Künstliche Intelligenz, Blockchain, Robotik, Virtual Reality und vieles mehr verständlich erklärt, 4. Aufl., München: Redline Verlag, 2019

Urban, Dieter, Mayerl, Jochen (Regression, 2018): Angewandte Regressionsanalyse: Theorie, Technik und Praxis, 5. Aufl., Wiesbaden: Springer Fachmedien, 2018

The Vanguard Group (FTSE All-World ETF, 2020): Datenblatt: 31.Juli 2020: Vanguard FTSE All-World UCITS ETF, Pennsylvania: The Vanguard Group, 2020

Internetquellen

CoinMarketCap (Cryptocurrencies, 2020): All Cryptocurrencies, https://www.coinmarketcap.com/all/views/all/ (2020-08-24) [Zugriff 2020-08-24]

finanzen.net (Bitcoin Kursverlauf, 2020): Bitcoin – Dollar, https://www.finanzen.net/devisen/bitcoin-dollar/chart (2020-08-24) [Zugriff 2020-08-24]

flaticon (EUR/USD Icon, 2020) https://www.flaticon.com/free-icon/foreign-currency-exchange_71123 [Zugriff 2020-08-24]

Google LLC (Google Trends Analyse ‚Bitcoin', 2020) https://trends.google.de/trends/explore?date=2015-07-25%202020-08-01&q=Bitcoin (2020-08-23) [Zugriff 2020-08-23]

iconscout.com (Aktien Icon, 2020): https://cdn.iconscout.com/icon/free/png-512/stocks-63-461606.png [Zugriff 2020-08-24]

toppng.com (Gold Icon, 2020): https://toppng.com/uploads/preview/gold-icon-png-11552723744f0vj8surrx.png [Zugriff 2020-08-24]

us.123rf.com (Anleihen Icon, 2020): https://us.123rf.com/450wm/ras-hadashurov/rashadashurov1909/rashadashurov190902533/130224272-bonds-icon-simple-element-illustration-bonds-concept-symbol-design-can-be-used-for-web.jpg?ver=6 [Zugriff 2020-08-24]

Wikimedia (Bitcoin Icon, 2020): https://upload.wikimedia.org/wikipedia/commons/thumb/4/46/Bitcoin.svg/600px-Bitcoin.svg.png [Zugriff 2020-08-24]